Jimi

Friederike Mayröcker • Angelika Kaufmann

Insel Verlag

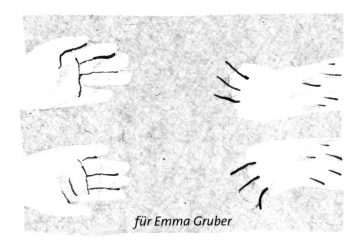

für Emma Gruber

Jimi der Eisbär
lag mit gekreuzten Pfoten
in den Armen
des schlafenden Kindes.

Es war 1 sehr junger Eisbär
von der Grösze eines Hunde Babys
und er getraute sich kaum
zu atmen um das Kind
nicht aufzuwecken.

Text der Geschichte die Jimi erzählt die die Geschichte

Geschichte

Das Kind träumte dasz Jimi
in seinen Armen lag
und ihm 1 Geschichte erzählte.

Als das Kind aufwachte,
konnte es sich nicht mehr
an die Geschichte erinnern,
die Jimi ihm erzählt hatte,
das machte es 1 wenig traurig
und es sagte zu Jimi, ich habe Hunger.

Also setzten sie sich
unter den Akazienbaum
und begannen zu frühstücken,
sie aszen Knäckebrot mit Butter und Honig
und tranken Milchkaffee.

Dann liefen sie in das Innere des Gartens
und spielten zwischen den Blumen.

Da kroch 1 Schnecke vorüber
und Jimi sagte guten Morgen
zu der Schnecke.

Das Kind fragte die Schnecke,
wie geht es dir,
aber die Schnecke hatte Angst
und zog sich in ihr Haus zurück.

Jimi und das Kind hörten
in den Büschen die Vögel singen,
und es war 1 sehr warmer schöner Morgen.

Jimi und das Kind erblickten
1 Hasen am Rande des Gartens,
der winkte ihnen und machte Männchen,
aber er kam nicht näher.

Jimi und das Kind setzten sich
in die Wiese
und das Kind sagte zu Jimi,
es ist schön, 1 Freund zu haben:
du bist jetzt mein Freund.

Das ist das Ende der Geschichte
von Jimi und dem Kind Emma.

Friederike Mayröcker • Angelika Kaufmann
Jimi

Einmalige numerierte und signierte Ausgabe
in zweihundertfünfzig Exemplaren
Druck: Memminger MedienCentrum
Einband: Conzella Verlagsbuchbinderei, Aschheim-Dornach

Nummer dieses Exemplars

189

© Insel Verlag Frankfurt am Main und Leipzig 2009
Alle Rechte vorbehalten, insbesondere das der Übersetzung,
des öffentlichen Vortrags sowie der Übertragung durch
Rundfunk und Fernsehen, auch einzelner Teile.
Kein Teil des Werks darf in irgendeiner Form (durch Fotografie, Mikrofilm
oder andere Verfahren) ohne schriftliche Genehmigung des Verlages
reproduziert oder unter Verwendung elektronischer Systeme verarbeitet,
vervielfältigt oder verbreitet werden.
Druck: Memminger MedienCentrum AG
Printed in Germany
Erste Auflage 2009
ISBN 978-3-458-06131-1